AF290093

JEAN-PAUL II

Un pape à la rencontre des peuples

Par Benoît-Joseph Pedretti
Sous la direction de Pierre Frankignoulle

50MINUTES.fr

JEAN-PAUL II

INTRODUCTION

« N'ayez pas peur ! [...] ouvrez les frontières des États, des systèmes politiques et économiques [...] » (messe solennelle d'intronisation, homélie). C'est par cet appel à l'espérance que Jean-Paul II inaugure son pontificat le 22 octobre 1978. Élu pape de l'Église catholique romaine à la grande surprise de tous, Karol Wojtyła est un homme profondément atypique. Premier cardinal non italien à accéder à la fonction depuis quatre siècles, il vient de l'autre côté du rideau de fer, de cette Pologne de profonde tradition catholique, tombée dès 1944 sous le joug communiste.

Très vite, il impose son style en incarnant un véritable renouveau de la fonction. Homme d'Église, il s'attache à promouvoir l'identité chrétienne, à délivrer un message de tolérance au plus grand nombre et à raviver le dialogue interreligieux. Chef d'État, il déploie son talent sur la scène diplomatique mondiale pour convaincre et infléchir les régimes totalitaires avec un talent et une vitalité, qui le hissent, sans nul doute, au rang des plus grands papes du XXe siècle.

DONNÉES CLÉS

- **Naissance ?** Le 18 mai 1920 à Wadowice (Pologne).
- **Mort ?** Le 2 avril 2005 dans la cité du Vatican.
- **Pontificat ?** De 1978 à 2005.
- **Canonisation ?** Le 27 avril 2014.
- **Apports majeurs ?**
  - L'ouverture de l'Église catholique au monde moderne et la mise en œuvre des réformes du concile Vatican II.
  - Une influence politique de premier plan durant la chute des régimes communistes de l'Est européen en 1989.
  - Le développement d'une pastorale de proximité avec la visite de 129 nations.
  - La promotion d'une doctrine sociale pour la protection des droits de l'homme et la lutte contre la pauvreté.

LA VIE DE JEAN-PAUL II

UNE VOCATION TARDIVE

Karol Józef Wojtyła naît le 18 mai 1920 à Wadowice, une petite bourgade de Galicie proche de Cracovie, au Sud de la Pologne. Adolescent passionné de théâtre et auteur de plusieurs pièces, il comprend très tôt le pouvoir dramaturgique du verbe. D'abord désireux d'embrasser une carrière d'acteur, il finit par s'inscrire à l'université Jagellonne de Cracovie pour y poursuivre des études de lettres, et se spécialise en philologie polonaise. À la fermeture des universités par l'occupant nazi en 1939, Karol anime des représentations théâtrales clandestines, qu'il voit comme un moyen de résistance. Enrôlé de force dans la carrière de pierre Zakrzówek puis à l'usine chimique Solvay de Cracovie, il découvre le rude labeur du travail manuel de l'ouvrier.

C'est en 1942 qu'il décide de mener une carrière religieuse. Il est d'abord accepté au séminaire clandestin organisé par l'archevêque de Cracovie, Mgr Adam Sapieha (1867-1951), puis se familiarise avec la spiritualité et étudie les œuvres de saint Louis-Marie Grignion de Montfort (prêtre français canonisé en 1947, 1673-1716), avant d'être ordonné prêtre le 1er novembre 1946. Il poursuit sa formation en théologie à l'Angelicum, l'université dominicaine de Rome, où il apprend l'espagnol et le français avant de soutenir sa thèse sur la *Doctrine de la foi chez saint Jean de la Croix*. Parallèlement, il voyage et découvre en Belgique et en France de nouvelles formes d'évangélisation modernes qui le séduisent.

De retour au pays en juin 1948, il est nommé curé de Niegowić puis, en mars 1949, dans la paroisse universitaire Saint-Florian à Cracovie, où il met en place de nombreuses activités à destination des jeunes. Il est également assistant à l'université et rédige, en 1953, une thèse de philosophie, intitulée *Considérations sur la possibilité de construire une éthique chrétienne sur les bases du système de Max Scheler* (philosophe allemand, 1874-1928). Dans une Pologne désormais communiste, il critique l'idéologie marxiste de Staline (homme d'État soviétique, 1878-1953) sans toutefois prendre de positions publiques.

UN ÉVÊQUE ENGAGÉ, UN CARDINAL MILITANT

Karol Wojtyła est ordonné évêque le 28 septembre 1958 par le pape Pie XII (1876-1958) et est, entre autres, en charge de la pastorale des étudiants en qualité d'auxiliaire de l'archevêque de Cracovie. À 38 ans, il est alors le plus jeune évêque de Pologne. Sans faire preuve d'activisme forcené, il s'attelle avec énergie à la défense de l'Église catholique malmenée par le régime autoritaire de la république populaire de Pologne, en soutenant la construction d'une église à Nowa Huta, une ville ouvrière privée de lieu de culte.

Durant le concile Vatican II (1962-1965), il prend part au débat de modernisation de l'Église en appuyant le rôle des laïcs et le dialogue œcuménique (c'est-à-dire qui préconise l'union de toutes les Églises chrétiennes) comme porte-parole naturel de l'épiscopat polonais. Remarqué par le pape Paul VI (1897-1978), il est nommé archevêque de Cracovie le 30 décembre 1963, puis devient à 47 ans le plus jeune cardinal de l'Église romaine le 26 juin 1967. Il défend alors avec conviction les étudiants, la communauté juive et les ouvriers, tour à tour persécutés par le régime communiste. Il met en avant la question des droits de l'homme et prêche avec enthousiasme à Rome en 1976, où il se fait connaître des autres cardinaux.

En 1978, après la mort brutale de Paul VI, Jean-Paul Ier (1912-1978) est élu pape, mais décède à son tour après seulement 33 jours de pontificat. Un nouveau conclave s'ouvre alors. Après huit tours de scrutin et à la surprise générale, Karol Wojtyła est élu pape de l'Église catholique le 16 octobre 1978. Il a 58 ans et prend le nom de Jean-Paul II.

UN PAPE HORS NORME

Premier pape slave de l'histoire du catholicisme et premier pape non italien depuis 1523, il est en tout point hors norme. Désireux de s'assurer un contact de proximité en venant à la rencontre des fidèles, il gagne en visibilité. Pour ce faire, il sort de Rome et même de l'Italie. Au travers de 104 voyages aux quatre coins du monde, il se donne à voir à plus de 500 millions de fidèles.

Ardent défenseur de la dignité humaine et de la démocratie, il dénonce la pauvreté et toutes les formes d'oppression. À plusieurs reprises, il rencontre Mère Teresa (1910-1997), à qui il voue une grande admiration. Lors de plusieurs voyages en Amérique centrale et du Sud, il s'oppose fermement aux régimes totalitaires. Par une ouverture d'esprit non dogmatique, il améliore sensiblement le dialogue entre les religions et pose une pierre fondatrice avec la réunion d'une première assemblée interconfessionnelle à Assise, en 1986, autour de 194 autres primats ou chefs religieux. La même année, il lance les Journées mondiales de la jeunesse (JMJ), destinées à promouvoir un message religieux auprès des plus jeunes croyants. Toutefois, certaines prises de positions tranchées sur l'avortement, la contraception et le célibat des prêtres lui valent de déclencher des polémiques parfois violentes.

Mais Jean-Paul II est aussi un chef d'État, certes d'un micro État, mais doté d'une influence politique internationale réelle. Il contribue ainsi très largement à la chute du rideau de fer par une action ciblée en Pologne aux côtés de Lech Walesa (homme d'État polonais, né en 1943) et des interventions réitérées auprès du Gouvernement de l'URSS. En 1990, il s'oppose à la guerre en Irak et, en 1991, lors d'une de ses visites en Pologne, dénonce les dérives marquées de la société capitaliste.

Atteint de la maladie de Parkinson, ses apparitions se font de plus en plus rares dès le début des années 2000. Il décède le 2 avril 2005 après un pontificat qui aura duré plus de 26 ans, le troisième plus long de l'histoire.

Béatifié le 1er mai 2011 par son successeur, le pape Benoît XVI (né en 1927), puis canonisé le 27 avril 2014 par le pape François (né en 1936), il fait désormais partie des saints de l'Église catholique et est fêté le 22 octobre.

CONTEXTE

JEAN-PAUL II ET LA POLOGNE : DE L'OCCUPANT NAZI À L'INTÉGRATION EUROPÉENNE

C'est dans un contexte très particulier, marqué par une extrême violence, que le jeune Karol Wojtyła se forme dans la clandestinité, au cœur d'une Pologne d'abord sous occupation allemande puis sous influence soviétique. Il en conservera, une fois devenu pape, un art subtil de la diplomatie.

Le 1er septembre 1939, la Pologne est envahie par l'Allemagne nazie, ce qui déclenche la Seconde Guerre mondiale (1939-1945). Suite au pacte secret germano-soviétique, l'URSS envahit à son tour la Pologne le 17 septembre, rayant ainsi le pays de la carte pour la quatrième fois de son histoire : une partie du territoire polonais est directement annexée au Reich, une autre aux républiques biélorusse et ukrainienne de l'URSS, tandis que la partie centrale reste administrée par les nazis avec l'installation d'un gouvernement général à Cracovie. L'occupant souhaite y annihiler toutes formes de résistance en éradiquant les élites polonaises : les intellectuels – parmi lesquels 189 professeurs de l'université de Cracovie qui est fermée –, fonctionnaires et religieux sont emprisonnés et déportés. Les séminaires sont interdits, les théâtres fermés et les journaux suspendus. L'extermination de la communauté juive en Europe est méthodiquement organisée à partir de la Pologne. Environ 20 000 juifs, qui constituent près d'un quart de la population de Cracovie, sont déportés. En janvier 1945, alors que la guerre touche à sa fin, la ville est libérée par l'Armée rouge et intégrée dans la nouvelle république de Pologne. Le pays est désormais sous influence communiste.

En 1958, le nouvel évêque de Cracovie, Karol Wojtyła, doit se positionner face à cet environnement totalitaire naissant. Ne tenant au départ que des propos modérés, les autorités ne considèrent pas qu'il représente un danger pour le régime. D'aucuns lui reprochent toutefois son faible engagement, évoquant même une certaine complaisance avec le pouvoir en place. Ce n'est qu'à partir de 1964, une fois devenu archevêque, qu'il fait montre ouvertement d'opinions hostiles au communisme. En 1970, puis en 1976, il tente d'apaiser la répression des révoltes ouvrières et les pressions de plus en plus fortes exercées sur les autorités religieuses. Il est alors mis sur écoute.

Son élection en tant que pape en 1978 retentit tel un coup de tonnerre dans le monde communiste. Dès le mois de juin 1979, il se rend dans son pays natal, où sa popularité est considérable. Il n'hésite pas à défendre les libertés d'association et d'expression, à la barbe des autorités polonaises prises de court et particulièrement embarrassées. Lors de la révolte des ouvriers de Gdańsk en 1980, Lech Walesa, fondateur du mouvement *Solidarność* (« Solidarité »), fait placarder des portraits du nouveau pape sur les grilles des chantiers navals en grève. Il impose ainsi l'arbitrage de Jean-Paul II, qui ne peut qu'afficher un soutien appuyé à la cause polonaise. Lorsque le général Jaruzelski (homme d'État polonais, 1923-2014), tout juste appelé à la tête du pays, déclare la loi martiale en décembre 1981, Jean-Paul II tente de calmer les ardeurs pour éviter le bain de sang : il se rend à nouveau sur place dès 1983 et réaffirme son appui aux opposants du régime.

Visite de Jean-Paul II en Pologne en 1979.

Durant les années quatre-vingt, il multiplie les actions diplomatiques à l'encontre de Moscou et resserre ses liens avec l'administration Reagan (homme d'État américain, 1911-2004) par un échange fructueux d'informations confidentielles. Conscient du travail réalisé par Jean-Paul II, Mikhaïl Gorbatchev (né en 1931), alors à la tête de l'URSS, déclare en 1992 que « rien de ce qui est arrivé en Europe de l'Est au cours des dernières années n'aurait été possible sans la présence de ce pape, sans le grand rôle – même politique – qu'il a joué sur la scène internationale » (Dziwisz (Stanislaw), *Une vie avec Karol*, Paris, Seuil, 2007, p. 214). C'est dire l'importance de son action.

Fort d'une double autorité morale et politique, il défend les droits de la personne devant la communauté internationale lors de discours inspirés devant les Nations unies en 1979 et en 1995, mais aussi à l'UNESCO en 1980 ou encore au Parlement européen en 1988.

En 1989, après la chute du mur de Berlin, les républiques d'Europe de l'Est se défont du communisme les unes après les autres. Le 1er janvier 1990 est proclamée la IIIe république de Pologne, qui se rapproche pas à pas de l'Occident en intégrant l'OTAN en 1999. Une fois l'épouvantail communiste disparu, c'est contre le capitalisme que Jean-Paul II met en garde ses compatriotes. En outre, il prône une intégration nécessaire mais progressive à l'Europe. La Pologne adhère à l'Union européenne le 1er mai 2004.

L'ACTION DE JEAN-PAUL II À TRAVERS LE MONDE

UN COMMUNICANT GLOBE-TROTTER

Très tôt, Jean-Paul II fait montre d'une véritable indépendance d'esprit. C'est ainsi qu'il observe tout d'abord avec attention le fonctionnement institutionnel et l'organisation de l'Église romaine afin de s'en faire une opinion personnelle, libérée des us et coutumes. Il partage ensuite ses idées au travers de discours étudiés, qu'il rédige personnellement, et n'hésite pas à bousculer le protocole compassé de la Curie chaque fois qu'il l'estime nécessaire. Il privilégie aussi un contact direct avec les fidèles et pratique avec gourmandise le bain de foule jusqu'à l'attentat de 1981 mené contre sa personne.

Convaincu de la nécessité d'une communication forte et du pouvoir de l'image dans une société en pleine mutation, il tient des conférences de presse parfois improvisées, et ce même en avion.

Il instaure également des audiences hebdoma-
daires durant lesquelles il s'adresse à la foule
sur la place Saint-Pierre. Ce sont au total plus
de 18 millions de catholiques qui sont venus le
voir à Rome durant son pontificat. Il veille, par
ailleurs, à recevoir en audience privée pèlerins
anonymes et chefs d'État, qui se pressent pour
le rencontrer : plus de 1 500 personnes ont ainsi
eu le privilège de s'entretenir personnellement
avec lui.

Jean-Paul II en visite à New York en 1979.

Dans un souci de promotion d'un message mis-
sionnaire universel, il multiplie les nonciatures

apostoliques, faisant fonction d'ambassades du Saint-Siège à l'étranger ; on compte ainsi, à la fin de son pontificat, 174 délégations papales de ce type, soit une dans chaque pays. Grand voyageur, il part lui-même à la rencontre du monde. De nature tantôt politique, tantôt religieuse, parfois les deux, ces périples sont orchestrés avec soin et ses apparitions très médiatisées : reprenant la pratique du pape Paul VI, il baise le sol chaque fois qu'il foule un nouveau territoire.

JEAN-PAUL II ET L'AMÉRIQUE LATINE

Le pape se rend à plusieurs reprises en Amérique latine, comme ce fut le cas lors de sa visite au Mexique en 1978, au cours de laquelle il a visité le sanctuaire de Notre-Dame de Guadalupe. Il y prend la défense des populations indiennes indigènes et dénonce partout les injustices et les atteintes portées aux droits de l'homme. En juillet 1979, lors d'un voyage au Nicaragua, il fustige avec force les prêtres devenus ministres dans le gouvernement sandiniste et, en juin 1980, dénonce l'engagement politique des théologiens de la libération au Brésil. Ce courant, né à la fin des années soixante en Amérique latine, entend, en effet, concilier révolution et christianisme en mobilisant les masses populaires contre l'injustice. S'il soutient la lutte contre la pauvreté, il n'entend pas encourager les révolutions armées. Les religieux n'ont pas à renverser les gouvernements et Jean-Paul II condamnera avec vigueur cette forme d'idéologie pré marxiste.

Toutefois, lorsque des dictatures s'en prennent aux ministres de l'Église, le pape réagit vivement, particulièrement après l'assassinat de l'archevêque Oscar Romero au Salvador en 1980, ou lorsqu'il demande en 1987 au général Augusto Pinochet (officier et homme d'État chilien, 1915-2006) de démissionner et de rendre le pouvoir au peuple chilien.

UN PAPE EN LIGNE DE MIRE

Exposé partout et plus particulièrement dans des pays parfois hostiles à la religion catholique, c'est pourtant au milieu de la place Saint-Pierre à Rome, alors que 20 000 personnes étaient présentes pour l'écouter, qu'il est victime d'un attentat le 13 mai 1981. Un jeune Turc âgé de 23 ans, Mehmet Ali Ağca (né en 1958), fait feu à trois reprises sur le pape pratiquement à bout portant avec un pistolet automatique de 9 millimètres. Blessé, Jean-Paul II est opéré en urgence, mais aucun organe vital n'a été atteint et le pronostic vital n'est donc pas engagé.

La stupeur est profonde et les hypothèses se multiplient : s'agit-il d'un acte isolé ou commandité ? est-ce là la volonté d'un désaxé ou s'agit-il d'un complot islamiste ou encore d'une conspiration soviétique ? Ce point n'a jamais été élucidé.

En 1982, lors d'une visite au sanctuaire marial de Fatima (Portugal), le pape est à nouveau blessé par un intégriste espagnol, Juan María Fernández y Krohn (né en 1948), armé d'un poignard. La blessure est bénigne et l'information est soigneusement cachée au public.

Désormais, des mesures de sécurité drastiques s'imposent : le pape ne se déplace plus qu'en voiture surélevée, vitrée et blindée, surnommée la « papamobile ».

UN MESSAGE UNIVERSEL

Désireux de porter un message religieux qui ne serait plus uniquement occidental mais qui aurait une portée universelle, Jean-Paul II lance en 1984 les Journées mondiales de la jeunesse (JMJ). Ces rencontres sont destinées à toucher les adolescents et jeunes adultes en quête d'identité, et prennent la forme de rendez-vous périodiques, qui ont lieu tous les deux à trois ans. Le succès est immédiat et la dixième édition qui a lieu à Manille aux Philippines (10-15 janvier 1995) rassemblent jusqu'à cinq millions de jeunes autour du souverain pontife.

Parallèlement, Jean-Paul II favorise l'expansion de mouvements fervents plus ou moins contestés, comme le Renouveau charismatique ou l'Opus Dei, mais aussi la promulgation d'un catéchisme universel.

Le Catéchisme de l'Église catholique

Le Catéchisme de l'Église catholique, appelé aussi Catéchisme universel, est un ouvrage destiné à instruire les fidèles de foi catholique. Comptant plus de 650 pages, il regroupe les principaux points de dogmes répartis en quatre sections sur le modèle du catéchisme romain publié au sortir du concile de Trente (1545-1563) :

- la profession de foi ;
- la célébration du mystère chrétien ;
- la vie dans le Christ ;
- la prière chrétienne.

Après neuf versions successives, il est approuvé en 1991 et est publié en 35 langues en 1998. Jean-Paul II a suivi de près son élaboration et l'a pensé comme un instrument permettant d'expliciter clairement la doctrine, tout en donnant des réponses concrètes et précieuses aux questions de la vie quotidienne des catholiques. Une version abrégée plus didactique encore est publiée par Benoît XVI en 2005.

À l'occasion du Jubilé de l'an 2000, Jean-Paul II invite des millions de pèlerins à Rome pour célébrer l'année sainte, fêter le bimillénaire de l'Église et approfondir leur foi personnelle qui est au cœur de la communauté universelle chrétienne.

Enfin, la réconciliation avec les grands principes de l'humanité est en marche. Galilée (mathématicien et astronome italien, 1564-1642), qui avait été condamné par l'Église en 1633 pour avoir démontré que la terre tourne autour du soleil, est réhabilité en 1992. La théorie de l'évolution, mise en évidence par Darwin (1809-1882), est remise à l'honneur en 1996, enterrant ainsi les anciennes querelles opposant la science et la religion.

UNE AVANCÉE SENSIBLE DANS LE DIALOGUE INTERRELIGIEUX

La volonté de rapprochement entre les religions, sans syncrétisme (fusion de doctrines disparates), est l'une des clés de l'action de Jean-Paul II. Elle se manifeste d'abord par un dialogue œcuménique entre les religions chrétiennes. Un rapprochement avec les protestants est ainsi lancé autour d'une déclaration commune avec l'Église luthérienne en 1998, mais également avec l'Église orthodoxe, lors d'une visite en Roumanie en 1999 et en Grèce en 2004. Seuls les orthodoxes russes refusent la main tendue, probablement pour des raisons autant politiques que purement religieuses – Jean-Paul II n'ayant jamais été reçu en URSS.

Un pas important est également fait en direction du judaïsme, de l'islam et du bouddhisme. En contact avec la culture juive depuis son enfance et témoin de la déportation durant la Seconde Guerre mondiale, il reconnaît l'État d'Israël en 1993, et effectue du 20 au 26 mars 2000 un pèlerinage en Terre sainte. Il se rend à Bethléem, puis à Jérusalem au mémorial de Yad Vashem et au Mur des Lamentations, où il demande pardon pour les actes antisémites perpétrés par les chrétiens tout au long de l'histoire. Il déploie également une vive activité diplomatique en direction de l'islam, marquée par ses visites en Turquie, au Maroc ou encore en Tunisie. Il est d'ailleurs le premier pape à fouler le sol d'une mosquée, en entrant dans celle des Omeyyades à Damas (Syrie) en mai 2001 pour prier sur les reliques de saint Jean-Baptiste. Enfin, il rencontre le dalaï-lama, Tenzin Gyatso (né en 1935), à cinq reprises entre 1980 et 1990. Se tissent alors entre les deux hommes des liens d'amitié et de respect mutuel.

Mais le symbole majeur de ce dialogue interconfessionnel, temps fort du pontificat de Jean-Paul II, demeure la rencontre d'Assise, qui s'ouvre le 27 octobre 1986 autour d'une journée mondiale de la prière. Annoncée à l'occasion de l'année internationale pour la paix proclamée par l'ONU, elle rassemble presque 200 chefs ou représentants religieux pour réaffirmer l'engagement de tous dans la recherche d'une paix mondiale durable. Fort de son succès, cette journée est renouvelée en 1993 et en 2002, puis par son successeur en 2011.

DES POSITIONS SOUVENT INSPIRÉES MAIS PARFOIS HASARDEUSES

Au sein d'innombrables allocutions, le pape se montre rigoureux sur les principes de la foi et de la morale traditionnelle, comme ce fut le cas dans l'encyclique « Splendor veritatis » datée d'octobre 1993, où sont exposés les fondements théologiques et anthropologiques de la morale. Ses prises de position sont souvent très personnelles et sujettes à de nombreuses oppositions, et ce même au sein de l'Église catholique.

Certains estiment qu'il va trop vite. C'est notamment le cas d'un petit groupe d'intégristes rassemblé autour de Mgr Lefebvre (homme d'Église français, 1905-1991) qui estime la mise en œuvre du concile Vatican II et les réformes initiées par Jean-Paul II trop progressistes et contraires à la tradition de l'Église. Cela le mènera d'ailleurs à faire sécession en ordonnant lui-même des évêques. Le groupe est excommunié en 1988.

D'autres pensent au contraire qu'il ne va pas assez loin dans les réformes : il nomme en effet à la tête de la Congrégation romaine pour la doctrine de la foi, le théologien conservateur Joseph Ratzinger (né en 1927), futur Benoît XVI. Ainsi, certaines postures intransigeantes âprement défendues se heurtent aux réalités du terrain ou au contexte régional. On retiendra, par exemple, la manière dont il a rappelé en 1994 (année de la famille) les fondements de la théorie de la sexualité, qui vise à ne reconnaître le rapport qu'entre deux personnes au sein du seul mariage traditionnel, confirmant ainsi l'opposition de l'Église à l'union non maritale, à l'homosexualité et à la contraception, estimée superflue et allant à l'encontre de la procréation naturelle. La raideur de sa position face à l'utilisation du préservatif comme moyen de contraception ou de lutte contre les maladies sexuellement transmissibles a été très vivement condamnée au regard des ravages du SIDA en Afrique. Enfin, son opposition à l'avortement, à l'euthanasie et à toute forme d'eugénisme, tous indistinctement assimilés au meurtre, a déclenché de très vives polémiques. En outre, le message de Jean-Paul II sur l'interdiction des sacrements aux divorcés, du mariage des prêtres et de l'ordination des femmes – pratiques souvent existantes dans d'autres confessions chrétiennes – a été particulièrement mal reçu. A contrario, il demande en 2001 que soient systématiquement dénoncés les abus commis sur les mineurs par des prêtres dans un souci de transparence.

RÉPERCUSSIONS

UNE RÉFORME DU CATHOLICISME

Les réformes du concile Vatican II sont largement mises en œuvre avec la mise en place d'un rite en langue vernaculaire, enfin lisible et visible des fidèles. Le principe de la liberté religieuse est réaffirmé, ainsi que la foi comme démarche autonome issue d'une prise de conscience personnelle et non imposée par un ensemble de règles à suivre. Même la Curie, administration pesante de l'État du Vatican majoritairement aux mains des Italiens, est réformée, démocratisée et renouvelée. Le pape nomme 232 nouveaux cardinaux, originaires de tous les pays du monde, ainsi que 3 500 évêques, afin de donner à l'Église catholique une représentativité et une légitimité mondiale sans conteste. S'y ajoutent quelques effets corollaires comme l'encouragement de nouvelles formes de spiritualité ou de congrégations hors des structures paroissiales ou épiscopales de l'Église traditionnelle. Ainsi, se développent en France la communauté de l'Arche, destinée aux personnes handicapées, et celle de l'Emmanuel, née du mouvement charismatique, ou encore en Italie, la communauté de Sant'Egidio, pour la lutte contre la pauvreté.

UN RENOUVEAU DU MESSAGE RELIGIEUX

Le message religieux se veut universel et fait désormais l'objet d'une véritable communication tous azimuts via des moyens modernes. La modification de l'image de la papauté permet une entrée de plain-pied dans le XXe siècle ; le pape est désormais accessible. Il passe du statut d'icône intouchable à celui d'être humain profondément engagé dans la lutte contre les inégalités et pour les droits de l'homme. Il se donne à voir partout dans le monde où se fait sentir une opportunité d'intervention religieuse avec une mécanique soigneusement orchestrée. Cette promotion permet avant tout d'affermir une doctrine sociale, visant à promouvoir les démocraties, à dénoncer la pauvreté et toutes les formes d'asservissement de l'homme.

L'ouverture vers les autres religions au travers d'un dialogue apaisé ouvre la voie à l'idée d'une action commune contre les fanatismes et en faveur de la paix mondiale. En outre, l'opposition à la théologie de la libération s'appuie sur le principe fondamental d'une religion non violente, qui n'a pas pour vocation de convaincre, de contraindre et de convertir l'autre au prix du sang.

UNE PLACE GRANDISSANTE SUR LA SCÈNE INTERNATIONALE

Les répercussions de son pontificat sont aussi éminemment politiques et marquées par un engagement fort de la part de Jean-Paul II. Polyglotte – il parle sept langues en sus de sa langue maternelle –, il s'autorise une vraie proximité avec ses interlocuteurs, en faisant souvent l'économie des traducteurs officiels. Prenant le contrepied des hésitations et autres atermoiements très contestés du pape Pie XII face au nazisme et au fascisme, Jean-Paul II est un pape engagé contre toutes les formes de totalitarisme. Il fait notamment croisade contre le communisme, dont il a expérimenté les méfaits au sein du bloc de l'Est dans sa Pologne natale. Il démultiplie les actions diplomatiques et les marques de soutien à l'égard des opposants des régimes communistes, et contribue largement à leur chute. A contrario, il n'encourage pas les révolutions populistes d'Amérique latine, dans des pays pourtant encadrés par des dictatures musclées et à très large majorité catholique.

EN RÉSUMÉ

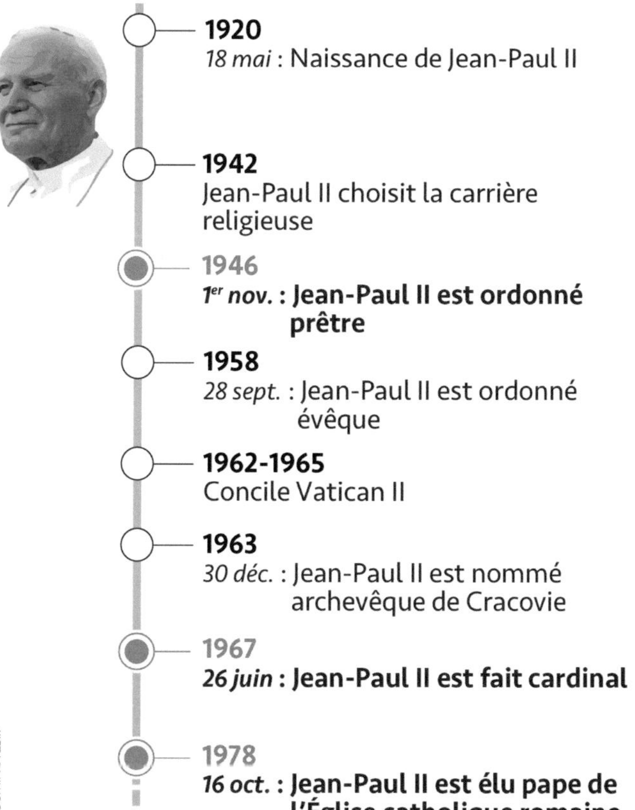

1920
18 mai : Naissance de Jean-Paul II

1942
Jean-Paul II choisit la carrière religieuse

1946
1er nov. **: Jean-Paul II est ordonné prêtre**

1958
28 sept. : Jean-Paul II est ordonné évêque

1962-1965
Concile Vatican II

1963
30 déc. : Jean-Paul II est nommé archevêque de Cracovie

1967
26 juin **: Jean-Paul II est fait cardinal**

1978
16 oct. **: Jean-Paul II est élu pape de l'Église catholique romaine**

- Désigné évêque de Pologne à 38 ans, Karol Wojtyła est nommé archevêque de Cracovie en 1963 au moment du concile Vatican II. Après la mort subite du pape Jean-Paul Ier en 1978, et déjouant tous les pronostics, il est élu pape de l'Église catholique le 16 octobre 1978 à 58 ans, et prend le nom de Jean-Paul II.

- Premier pape slave de l'histoire, originaire de surcroît d'un pays soumis au bloc communiste, Jean-Paul II est un pape atypique. Grand communicant, il développe une pastorale universelle au travers de ses 104 voyages réalisés à travers le monde, dans 129 nations différentes. Il n'hésite pas à s'adresser aux jeunes en lançant en 1984 les Journées mondiales de la jeunesse.

- Partisan du dialogue entre les religions, il innove en initiant le premier rassemblement international de près de 200 primats ou chefs religieux à Assise en 1986 pour une journée mondiale de prière pour la paix. Il initie une démarche de repentance visant à demander solennellement pardon pour les débordements commis à travers l'histoire par l'Église catholique à l'égard des autres religions.
- Il défend les principes de la morale traditionnelle, mais s'oppose à la contraception, à l'avortement et au mariage des prêtres, ce qui ne manque pas de déclencher quelques vives polémiques.
- Fervent défenseur des droits de l'homme, il joue son rôle de chef d'État en conduisant une action diplomatique soutenue. Il s'oppose aux régimes totalitaires d'Amérique latine et multiplie les interventions auprès des gouvernements des pays communistes, contribuant ainsi à la fin des régimes du bloc de l'Est et à la chute du mur de Berlin en 1989.
- Décédé en 2005, son pontificat aura duré plus de 26 ans et aura indéniablement marqué

l'histoire du XXe siècle. Béatifié, puis canonisé en 2014, il est aujourd'hui saint de l'Église catholique.

Votre avis nous intéresse !
Laissez un commentaire sur le site de votre
librairie en ligne et partagez vos coups de cœur sur
les réseaux sociaux !

POUR ALLER PLUS LOIN

SOURCES BIBLIOGRAPHIQUES

- « Biographie de Karol Wojtyła, pape Jean-Paul II », in *Église catholique en France*, consulté le 4 mai 2015. http://www.eglise.catholique.fr/vatican/les-papes-recents/beatification-de-jean-paul-ii/370704-biographie-de-karol-wojtyla-pape-jean-paul-ii/

- DUNGLAS (Dominique), *Jean-Paul II. 1920-2005*, Monaco, Éditions du Rocher, 2006.

- DZIWISZ (Stanislaw), *Une vie avec Karol*, Paris, Seuil, 2007.

- FROSSARD (André), *« N'ayez pas peur ! ». Dialogue avec Jean-Paul II*, Paris, Robert Laffont, 1982.

- « Jean-Paul II », in *Larousse*, consulté le 4 mai 2015. http://www.larousse.fr/encyclopedie/personnage/Jean-Paul_II/125809

- LECOMTE (Bernard), *Jean-Paul II*, Paris, Gallimard, coll. « Biographies », 1983.

- VIRCONDELET (Alain), *Jean-Paul II. La vie de Karol Wojtyła*, Paris, Flammarion, 2004.

SOURCES ICONOGRAPHIQUES

- Visite de Jean-Paul II en Pologne en 1979. La photo reproduite est réputée libre de droits.

- Jean-Paul II en visite à New York en 1979. Photo prise par J. O'Halloran. La photo reproduite est réputée libre de droits.

FILM ET DOCUMENTAIRES

- *Jean-Paul II, pèlerin et poète*, documentaire de Véronick Beaulieu-Mathivet et Maurice Tanant, France, 2004.

- *Karol, l'homme qui devint pape*, film de Giacomo Battiato, avec Piotr Adamczyk, Italie-Pologne, 2005.

- *Jean-Paul II. L'Empreinte d'un géant*, documentaire de Daniel Costelle et Isabelle Clarke, France, 2005.

STATUES COMMÉMORATIVES

- *Jean-Paul II*, statue de bronze du sculpteur italien Oliviero Rainaldi, située Rome, mai 2011-novembre 2012.

- *Jean-Paul II*, statue de pierre du sculpteur polonais Leszek Łysoń, Częstochowa (Pologne), avril 2013.

- *Jean-Paul II*, statue de bronze du sculpteur russo-géorgien Zourab Tsereteli, Square Jean XIII, cathédrale Notre-Dame, Paris, octobre 2014.

ISBN ebook : 978-2-8062-6434-3
ISBN papier : 978-2-8062-6435-0
Dépôt légal : D/2015/12603/197
Photo de couverture : *Le pape Jean-Paul II, août 1993,* Public Papers of the Presidents of the United States - Photographic Portfolio -1993 Vol. II © Domaine public.

Conception numérique : Primento,
le partenaire numérique des éditeurs